L'Anima germogliata

Poesie del Raccolto d'amore

di Doobie

Traduzione di Federica Galetto

Dedica

Dedicato con gratitudine alla mia cara moglie Vicky, mia ispirazione e mio vero amore.

E a tutti coloro che sono in cerca,

della Pace interiore in momenti di desolazione,

di gratificante felicità e fede nascente,

di rinnovate speranze nelle difficoltà,

di conforto dell'anima nelle stagioni dell'abbattimento,

per edificare l'amore mistico e risvegliarsi alla propria chiamata.

~Doobie

INDICE

Smascherata	*Inchino*
Senza paura	*Espira*
Germogliata	*Preghiere*
Eroe	*Pace*
Naviga	*Viaggio*
Divino	*Destinata*
Perdona	*Oceano*
Anima	*Namaste*
Figlio	*Apparenza*
Cambiamento	*Senza limiti*
Adorata	*Passione*
Impavida	*Speranze*
Angelo	*Arcobaleno*
Benedizione	*Tutto*
Caduta	*Osa*
Beatitudine	*Tela*
Umile	*Grazia*

L'Anima germogliata

Poesie del Raccolto d'amore

di Doobie

Copyright © 2014 Doobie Shemer

Tutti i diritti riservati.

ISBN-10: 0-9913494-8-2

ISBN-13: 978-0-9913494-8-7

Library of Congress - Deposito Legale: TXU 1-898-541

Smascherata

Anima a Anima, denudata,

Evolvi, non nasconderti, segui la tua chiamata,

Oh, potenza divina non lasciar che io cada.

Smascherata, dispiegati i nostri spiriti,

Anima a Anima in abbraccio, guarda.

Senza paura

Liberami, oh, Anima del Cielo,

Lascia che io sia, seppur cadendo,

Con ali spezzate, ad inciampar strisciando,

In battaglie balenanti su ombre oscure, nel piegare nemici maligni,

Senza paura, nessuna pena, a inseguire la mia chiamata.

Germogliata

L'anima sua germogliata eternamente cresce,

Per esser seguite le sue vie si rivelano,

Stoica lotta controcorrente nel suo fluire,

Umilmente illumina, ispirando tutti,

Oh, Sacro spirito, proteggi il suo cammino poiché lei è la nostra forza, la nostra sola speranza.

Eroe

Cupo cielo, cuore inquieto intrappolato dalle nubi,
Onde di zaffiro, mente senza riparo intrappolata nei suoni,
Oh, Sant' uomo, illuminami, guidami verso la mia chiamata,
Chiudi gli occhi, abbraccia il mio cuore, accendi l'anima mia,
Chi è l'eroe che mai non cadrà?

Naviga

Deponi le tue mani, accetta in silenzio,

Abbraccia la fede, benedetto e in pace,

Nessun'anima è lasciata sola, una nuova alba è nata,

Naviga sul fiume di luce, oh pieno di grazia,

Nessun dubbio più, figlio tuo devoto.

Divino

Soave come i morbidi toni di un flauto,

Quando penetrano ogni cellula, spianano ogni strada,

La pace è la loro unica via,

Assaporare l'Amore Divino come un frutto dolce,

Nudo, condiviso, che prega, e fiorisce.

Perdona

Da tutto ciò che doveva esser preso o dato,

Da tutto ciò fatto maltrattando,

Niente è rimasto, niente che debba essere scritto,

Abbraccia l'Anima tua, e perdona,

Perché solo l'Amore sopravviverà,

Perché solo l'Amore vincerà.

.

Anima

Nelle foglie cadenti trovano riparo le mie lacrime,

il Cuore pietrificato, l'amore fuggito,

Nubi vaganti, eclissano i timori miei,

l'Anima nuda ha preso ogni cosa,

Oh, Grande Spirito conducimi all'alba del risveglio.

.

Figlio

Oh, tu nobile, voglio solo esser me stesso,

Oh, Spirito Santo, voglio solo esser libero,

Lascia andare, non cercar più,

Sii grato... solamente siilo,

Abbraccia l'anima tua, accetta il tuo destino,

Vivi! Tu sei un figlio dell'eternità.

Cambiamento

Illusoria visione, siamo perduti, fuori posto,
Natura ricca di sentimento, avvolta di bellezza e grazia,
Chiudi gli occhi, respira profondamente…espira,
Il cambiamento è giunto, delizioso abbraccio,
Noi siamo uno, natura – Madre Terra.
.

Adorata

E ora che siamo uno,

Abbiamo lasciato tutto ciò che è finito,

L'amore saldo abbraccia le nostre Anime fino alla fine del tempo,

Oh, angelo mio, mio adorato, metti la tua mano nella mia,

Ora che siamo uno, navighiamo verso il sole che mai tramonta.

Impavida

L'anima sua delicatamente si levava sul mirabile suono,
Inseguendo il suo destino, scivola attraverso fiumi di nuvole,
E' scritto; è destinato, potrebbe esser lasciato incompiuto?
Il cuore impavido, lei avanza, abbandonando tutti i dubbi,
La chiamata interiore, sua sola guida,
Risveglia l'Anima nella prima luce dell'aurora.

Angelo

Scuoti le tue ali sull'ombra mia,

Tocca la mia anima, benedicimi, Io ti seguirò,

Oh, angelo di compassione, angelo di disperazione,

Guidami fuori dalla valle del dolore,

Accompagnami verso la terra del domani.

.

Benedizione

Alte preghiere penetravano l'alba di nebbia,
Lacrime silenti davano loro riparo, un' Anima è nata,
Il Bambino accarezzato nella tenue luce del risveglio,
Benedici il suo cammino, appaga l'anima sua, oh, Tu Potente,
Raggiunte le mani, gli angeli sorridenti, l'Amore ha vinto.

.

 .

Caduta

Quando il nostro Ego ci fa credere,

di sapere tutto, nulla rimane da conquistare,

La nostra vita appare in ordine, in falsi sé egocentrici.

Poi, è tempo di tornare alla nostra Anima,

Tempo di farsi avanti, per dire tutto,

poiché è questa svolta che determina,

il nostro rimanere o la caduta.

Beatitudine

Umile, eppure senza paura, Io cammino da solo,
Non obbedisco a nessun padrone, non seguo nessun maestro,
Oh, raggio del cielo guidami verso casa!
Dove paradisi pieni di gioia proteggono le nostre Anime,
Dove noi siamo Uno, legati da mistici veli.

Umile

Spesso vaga confusa, in un doloroso dubbio,
"Perché?" Lei domanda, tormentata dalla pena,
Lo saprà mai?
Comprenderà mai?
Umile, ad occhi chiusi,
Lei prega e tende le sue braccia.

Inchino

Combatte oscurità maligne, trionfa su Anime malvagie,
Sconfigge draghi, trafigge le ali di nemici possenti,
Spiriti divini la proteggono mentre cavalca tempeste celestiali,
Il suo cuore s'annida nella misericordia, le speranze nella sua nuda spada,
Umile, m'inchino, la seguo e obbedisco alla sua chiamata.

Espira

Perduti viaggi dell'Anima, misteri rivelati,
Strade ghiacciate e ventose, storie predestinate da raccontare,
Respira, mistica luce che risveglia la chiamata interiore,
Espira, il paradiso è il suo conforto e sollievo,
La Via Lattea illumina i suoi passi… lei se ne va.

Preghiere

Silenzioso, il rammarico s'è posato sulla terra, piange il sacro suolo,
S'era levata una brezza dolente,
I ricordi erano sfumati e finiti,
L'Anima in cerca d'un compagno, senza trovarne nessuno,
Oh, spirito del cielo, non lasciar che le speranze s'abbattano,
Porta le mie preghiere, perché possiamo il mio amato ed Io liberarci.

Pace

E la folla grida, venerando l'eroina,

Al di sopra lei s'erge eretta,

Il suo sguardo a trafiggere le anime perdute,

E la folla s'inchina, obbedisce all'idolo,

Guarda, lei s'alza, la sua voce fragorosamente risuona,

E la folla urla, spade e frecce,

"Pace!" Il suo cuore sanguinante emana un dolore nascosto.

.

Viaggio

Un'anima solitaria, cerca la sua chiamata,

La luce brilla sul suo viaggio di vita che cresce,

Falsi "aiutanti", oh si, loro sanno tutto,

Lei non li accontenterà mai, e nemmeno soddisferà pettegolezzi,

Perché è il suo viaggio di vita, solo lei ne sopporta il peso.

.

Destinata

Portami al mio divino scopo,

Guidami ad una riva protetta,

Benedici il mio percorso fra petali di rosa,

Libera la mia mente, togli il sigillo alla porta,

Perché io sono un'Anima alla deriva, destinata ad andare là dove soffia il vento.

Oceano

Cicatrici profondamente radicavano, carne e ossa erano nude,
Il cuore ferito, dolore e disperazione,
Piacevoli momenti di contentezza e felicità, lei condivideva,
Splendidi istanti di gioia, era benedetta.
Lei naviga in un oceano d'amore, e amorevole cura.

Namaste

Eterna beatitudine scorre nelle sue vene,

Osi lei condividerla con amici e nemici,

Il cuore umano è un mistero irrisolto,

L'arte della Natura è il suo mondo interiore,

Anima Gentile, le sue fragili ali si sollevano,

"Namaste", sussurra nel bagliore del suo cuore fedele.

Apparenza

Lezioni angoscianti ancora da imparare,
Sconcertata, lei si domanda, finirà mai?
Anima fragile, incantata in un mondo di apparenza,
Ampia solitudine certa, allunga le braccia nude,
Mentre s'arrende al suo viaggio di speranza verso la Terra
Promessa.

Senza limiti

L'armonia è la mia ispirazione, la serenità è la mia passione,
Ai suoni celestiali della natura, mi arrendo, attonito,
Rivelo la mia luce interiore, brillo di splendida gioia,
Amore senza limiti nel mio cuore, mi sottometto all'ignoto,
Perché so mio adorato, che non sono solo.

Passione

Sola lei cammina, sprovvista dell'incustodito lasciato dietro sé,
Con grazia lotta, ridefinisce regole durature,
Con grazia corre, gli irriducibili desideri sciolti,
Cautamente sorveglia, affronta la libertà,
Eroicamente si dirige sul sentiero della passione,
Immensamente nel silenzio si evolve.

Speranze

Quando nulla sembra mai andare meglio,
Quando sei giù e le notti diventano più fredde,
Aggrappati ai tuoi sogni, trascendendo Cuori e Anime,
Speranze immortali fluiscono dove il fiume selvaggio scorre,
L'eterna primavera ci copre e abbraccia per intero.
.

Arcobaleno

Sii in pace Anima divina,

Cerchiata di luce radiosa, nel calar della notte,

lei prega sommessa, gli echi in sale solitarie,

Maree alzano l'oscurità, mentre l'angelo chiama,

Un arcobaleno lontano risveglia sogni e speranze.

Tutto

Annegata nella profonda tristezza, bagnata dal mare della disperazione,
Si sforza di confidare nella sua fede, accetta la sua perdita,
Combatte per vivere la sua vita, nutre la sua speranza,
Sacro spirito, prendi la sua mano,
Guidala ad una riva sicura,
Perché la sua Anima conosce tutto, il suo tutto, la sua chiamata.
.

Osa

Quando il tuo dolore è troppo duro da sopportare,
Il cuore spezzato, sembra non importi a nessuno,
Preziosi momenti abbracciati alle preghiere,
Sorreggiti all'Uno, e condividi,
Un sorriso germogliato lotta per vivere, per osare.

Tela

La sua risata moriva lentamente, una fitta oscurità copriva il muro,

I desideri scemavano, sepolti sotto ceneri nere come carbone,

Un viaggio mistico la conduce verso il suo scopo,

La natura la guida attraverso la luce dentro un tutto,

Un'amata anima gemella rivela la tela dell'anima sua.

Grazia

Buio – l'Anima sua s'eclissa nello spazio cupo,

Un dolore bruciante le trafigge le vene, senza lasciare traccia,

L'alba sorge, il primo raggio di sole teneramente splende sul suo volto,

Fedelmente prega, le speranze si spingono oltre il luogo sacro,

Splendore – la sua devozione traspare, ispirata dalla grazia celestiale.

.

Grazie per la lettura!

Caro Lettore,

Spero avrai gradito L'anima germogliata: **Poesie del Raccolto d'amore**

Come autore, mi fa piacere avere dei riscontri. Gentilmente, dimmi ciò che ti è piaciuto, ma anche ciò che non ti è piaciuto. Sarei felice di conoscere la tua opinione. Scrivimi all'indirizzo: doobie.shemer@gmail.com

o visita il mio sito:

http://www.doobieshemer.com.

Infine, vorrei chiederti un favore. Come saprai, le recensioni dei libri possono essere difficili da ottenere di questi tempi. Tu, il lettore, hai il potere di aiutare gli altri a scoprire questo libro.

Se ne hai il tempo, per favore condividi la tua recensione tramite questo link:

http://www.amazon.com/Doobie-Shemer/e/B00I6FL8G6

Con gratitudine,

Doobie Shemer

Connettiti con Doobie:

www.sproutedsoul.net

www.facebook.com/SproutedSoul

@Doobie_Shemer

http://www.amazon.com/Doobie-Shemer/e/B00I6FL8G6

http://www.doobieshemer.com

https://www.goodreads.com/Doobie_Shemer

L'Anima germogliata

Poesie del Raccolto d'amore

di Doobie

Copyright © 2014 Doobie Shemer

Tutti i diritti riservati.

ISBN-10: 0-9913494-8-2

ISBN-13: 978-0-9913494-8-7

Library of Congress - Deposito Legale: TXU 1-898-541

www.ingramcontent.com/pod-product-compliance
Lightning Source LLC
Chambersburg PA
CBHW042345300426
44110CB00030B/177